Kalle

Marion
und ihre Mutter

Tante Ilse

Frau Schäfer

Pfarrer Neumann
und Sigrid

Annika
Achmed
Jens

Einige Leute brachten Kinder zu Jesus
damit er die Hände auf sie legt
und mit ihnen betet.
Doch die Freunde Jesu schickten sie weg.
Da sagte Jesus:
Laßt die Kinder zu mir kommen
und steht ihnen nicht im Weg!
Kinder hat Gott besonders lieb.
Dann nahm Jesus sie in die Arme,
legte ihnen die Hände auf und segnete sie.
(Markus-Evangelium, Kapitel 10)

Erzähl mir vom Glauben

Ein Katechismus für Kinder

gezeichnet von Hetty Krist
mit Dominic und Bernadette

im Auftrag der
Vereinigten Evangelisch-Lutherischen
Kirche Deutschlands

herausgegeben
von der Arbeitsgruppe
Kinderkatechismus

Zum gesegneten
Gebrauch ...
anlässlich von
~~Konstantins~~
Taufe
am 18.4.1999
Paul, Joachim, Simon &
Marie-Christin

Gütersloher Verlagshaus Gerd Mohn
Verlag Ernst Kaufmann

Wenn Geburtstagskerzen brennen

Post ist gekommen.
Die Großeltern schreiben:
»Lieber Stefan, zu Deinem 5. Geburtstag wünschen wir Dir Gottes Segen.«
Stefan fragt: Mutti, was ist Segen?
Die Mutter antwortet: Oma und Opa wünschen dir viel Gutes, du sollst spüren, daß wir da sind und dich liebhaben, und daß auch Gott dich liebhat.

Mutter sagt: Schau, Stefan, nun sind es schon 5 Kerzen, für jedes Lebensjahr eine. Und du gehst jetzt schon allein in den Kindergarten.
Stefan fragt: Mutti, wie war das, als ich auf die Welt gekommen bin?
Mutter erzählt: Was meinst du, wie wir uns auf dich gefreut haben! Vor allem Sabine wünschte sich so sehr, daß ich noch ein Baby bekommen sollte. Sie hat oft an meinem Bauch gefühlt, wie du dich bewegst. Wir haben alles vorbereitet: den Babykorb, die Wäsche, und wir haben einen Namen für dich überlegt.

Dann ging ich in die Klinik.
Morgens um 6 Uhr wurdest du geboren.
Was waren wir froh! Stefan sagt:
Heute nachmittag kommen alle meine Freunde. Achmed kommt auch.
Mutter fragt: Achmed – kann er denn jetzt schon Deutsch? Stefan antwortet:
Nicht viel, aber er ist mein Freund!

Pude

Heute war es ganz toll.
Im Kindergarten haben sie
für mich gesungen:
»Viel Glück und viel Segen...«

Wenn wir im Hof spielen, sehen wir oft Andreas, der im Rollstuhl gefahren wird. Er kann nicht laufen.
Über ein Kind mit kranken Füßen haben sich die Eltern nicht so gefreut, glaub ich.
Mutter: Doch, die Eltern von Andreas haben ihn genauso lieb wie wir dich – aber manchmal sind sie sicher traurig, wenn sie euch herumspringen sehen.

Stefan fragt: Aber warum hat Gott das so gemacht?

Mutter sagt: Das weiß ich auch nicht. Die Menschen werden krank und gesund, sie werden geboren und sterben. Manchmal sind wir froh, manchmal sind wir traurig und verstehen Gott nicht. Weißt du noch, wie du im letzten Jahr so schlimm krank warst?
Stefan meint: Hm, du warst oft an meinem Bett, und Vati hat mit mir gespielt.
Mutter erzählt: Als es dir endlich besser ging, waren wir froh.

Aber nun mußt du ins Bett, es ist spät!

Lieber Gott, danke für diesen schönen Tag. Danke, daß ich gesund bin. Hilf denen, die nicht gesund sind, daß sie sich auch freuen können. Amen.

Vor dem Einschlafen denkt Stefan:
Alle waren heute so lieb zu mir.
Sonst schimpft manchmal einer,
und Sabine streitet mit mir.
Ingo lebt bei seinen Großeltern,
Marion bei ihrer Mutter.
Ob es da beim Geburtstag auch so lustig zugeht?
Und wenn Andreas Geburtstag hat?

Was wir im Kindergarten erleben

Ingo, ich habe dir einen Platz freigehalten, komm!

Frau Schäfer sagt: Ich freue mich, daß so viele von euch die Kerzen verzieren, die wir am Sonntag den Taufkindern schenken.

Stefan erzählt: Meine Taufkerze ist nicht so bunt.
Jens sagt: Ich habe keine Taufkerze.
Sigrid fragt: Frau Schäfer, du, ich kriege die Kerze doch erst, wenn das Wasser auf meinem Kopf war?
Frau Schäfer antwortet: Ja, das stimmt, denn die Taufkerze soll eine Erinnerung an deine Taufe sein.
Renate sagt: Du hast doch erzählt, daß Wasser bei der Taufe ganz wichtig ist.
Frau Schäfer antwortet: Das Wasser bei der Taufe soll alles wegspülen, was uns von Gott trennt. Es soll uns auch zeigen: Gott gibt uns alles, was wir zum Leben brauchen.

Was wir
in der Kirche entdecken

Können wir mit in die Kirche?
Der Küster sagt: Ja, kommt mit!

Sabine ruft: Ist die aber groß!
Stefan sagt: Tante Ilses Kirche sieht ganz anders aus. Sie ist kleiner und hat bunte Fenster.
Ingo erzählt: In den Ferien war ich in einer großen, alten Kirche. Da waren viele Kerzen, Bänke zum Knien, ein rotes Licht und auch ein großes Kreuz.

Stefan fragt: Was ist das für ein Tisch?
Sabine antwortet: Das ist der Altar.
Da liegt eine Bibel.
So eine haben wir zu Hause auch.
Ingo sagt: Wir haben überhaupt keine Bibel.

Ingo fragt: Wo seid ihr alle?
Jens antwortet: Hier oben –
von da redet immer der Pfarrer.

Silke bittet: Spiel uns mal was vor.
Die Organistin sagt: Gleich ist eine Hochzeit.
Dafür übe ich jetzt. Ihr könnt gerne zuhören.

Der Küster sagt: Gleich muß ich die Glocken läuten.
Annika fragt: Können wir die auch sehen?
Der Küster meint: Das geht leider nicht. Der Turm ist sehr hoch, und zu den Glocken führt nur eine Leiter. Dafür zeige ich euch, wie die Glocken geläutet werden.
Silke sagt: Das geht aber leicht. Sie drücken ja nur auf einen Knopf.
Schau mal, jetzt leuchten die Knöpfe auf, sagt Ingo.
Marion weiß: Die Glocken rufen die Leute zum Gottesdienst.
Sabine erzählt: Als meine Oma gestorben ist, haben die Glocken auch geläutet.
Der Küster sagt: Jetzt läuten sie für die Hochzeit.

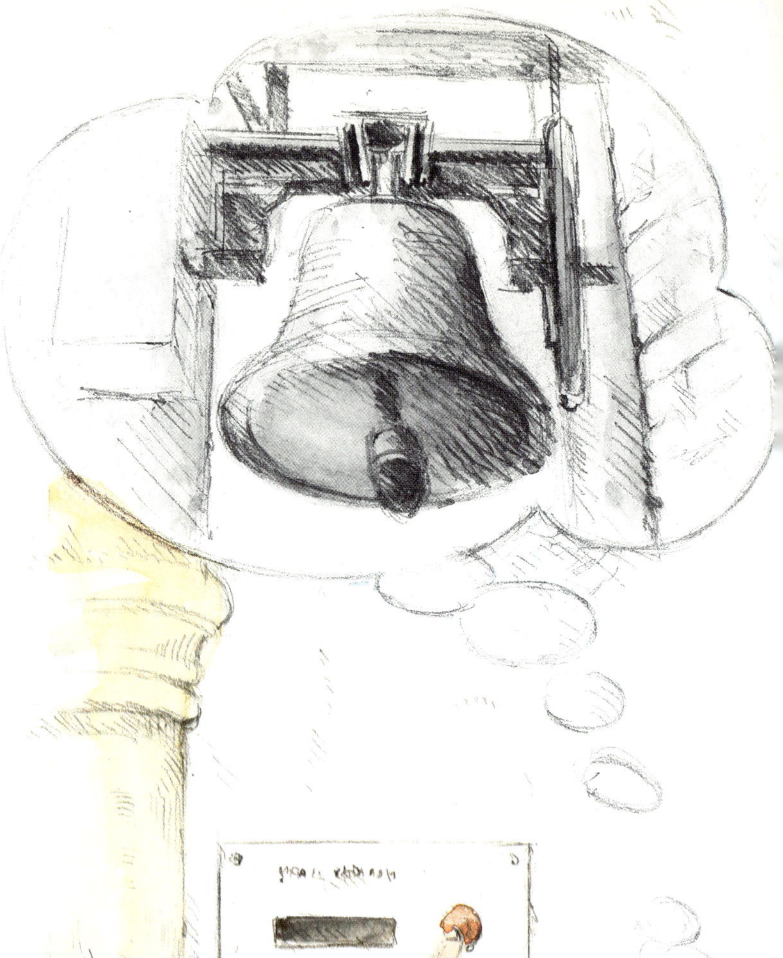

Alle singen:

Lo - bet den Her - ren al - le, die ihn eh - ren; laßt uns mit
Freu - den sei - nen Na - men sin - gen und Preis und Dank zu
sei - nem Al - tar brin - - gen. Lo - bet den Her - ren!

Marion schlägt vor: Jetzt spielen wir Hochzeit!
Sabine sagt: Ich will der Pastor sein!
Annika und Stefan, ihr seid das Brautpaar.

Los, hakt euch ein!
Ich trage den Schleier,
sagt Marion.

Sabine ruft: So, nun müßt ihr langsam losgehen. Kommt hierher. Ihr müßt auch hinknien, damit ich euch die Hand auf den Kopf legen kann.

Wenn wir Taufe feiern

Annika sagt zu Stefan: Ich weiß noch,
wie meine Schwester getauft wurde.
Da sind wir auch in die Kirche gegangen.
Das war ein großes Fest.

Übermorgen, am Sonntag, sollen Sigrid und Jens getauft werden.
Frau Schäfer sagt: Bei der Taufe gießt der Pfarrer Sigrid und Jens etwas Wasser auf den Kopf.
Warum denn? will Annika wissen.
Ihr wißt ja,
klares Wasser wäscht alles rein.

Das Wasser bei der Taufe bedeutet, daß alles weggespült wird, was uns von Gott trennt, sagt Frau Schäfer.
Am Sonntag wollen alle dabei sein.
Sie üben ein Tauflied:
»Ich freue mich und springe und singe: Gott sei Dank! Ich freue mich und springe und sing den Tag entlang!«

2. Freunde wollen wir dir sein, sollst des Friedens Brücken bauen.
Denke nicht, du stehst allein; kannst der Macht der Liebe trauen.
Taufen dich in Jesu Namen. Er ist unsere Hoffnung. Amen.

Heute ist es soweit.
Sigrid und Jens werden im Gottesdienst getauft. Dazu noch drei ganz kleine Kinder. Alle haben Paten. Die Paten haben die Aufgabe, den Kindern vom Glauben zu erzählen.

Pfarrer Neumann sagt: Sigrid, ich taufe dich im Namen des Vaters und des Sohnes und des Heiligen Geistes. Annika flüstert Stefan zu: Jetzt legt Pfarrer Neumann seine Hand auf Sigrids Kopf. Alle Kinder, die getauft worden sind, bekommen eine große Taufkerze. Dabei sagt Pfarrer Neumann: »Jesus Christus spricht: Ich bin das Licht der Welt«. Nach der Taufe betet Pfarrer Neumann:
Lobe den Herrn, meine Seele,
und vergiß nicht,
was er dir Gutes getan hat.

Heute ist ein besonderer Tag.
Fünf Kinder sind getauft worden.
Herr, sie gehören jetzt zu dir,
wie wir auch.
Halte uns alle in deiner Hand. Amen.

2. Was sind wir doch? Was haben wir auf dieser ganzen Erd,
das uns, o Vater, nicht von dir allein gegeben werd?

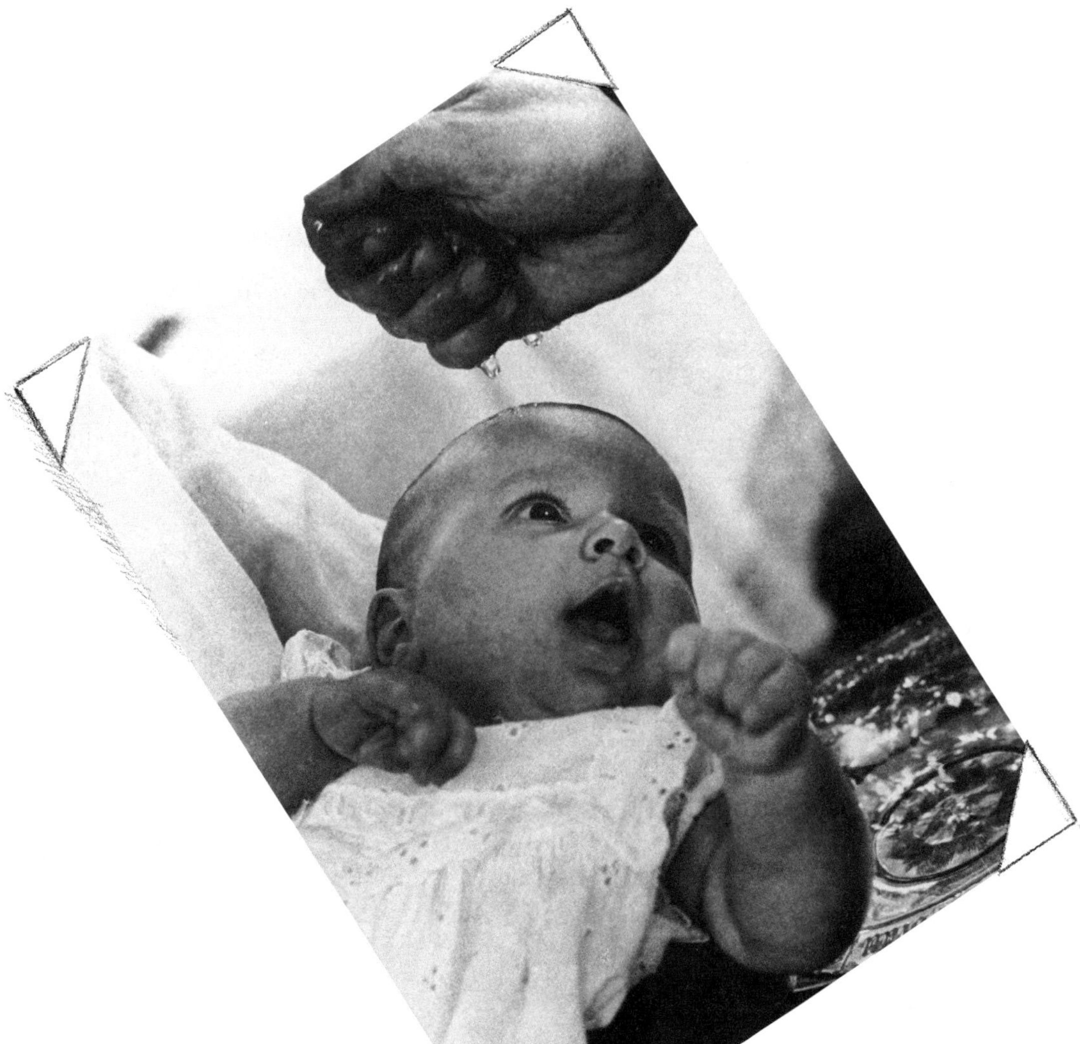

Am Abend fragt Stefan:
Vati, wie war das, als ich getauft wurde?
Der Vater holt das Fotoalbum und
Stefans Taufkerze.
Gemeinsam sehen sie die Bilder an.

Was steht denn hier? fragt Stefan.
Der Vater antwortet:
Das ist dein Taufspruch:
»Jesus Christus spricht:
Ich bin das Licht der Welt«.
Sowas hat der Pfarrer heute morgen
auch gesagt, meint Stefan.
Dann war das ja wie bei meiner Taufe.

Wenn jemand krank wird

Wer krank ist, muß im Haus bleiben und oft sogar im Bett liegen.

Manchmal muß er auch ins Krankenhaus.
Dort gibt es viele Zimmer,
in denen Kranke liegen.
Große Leute und kleine, alte und junge.
Manche haben Schmerzen.
Andere können nachts nicht schlafen.
Alle möchten wieder nach Hause.

Marion ist operiert worden. Am Blinddarm. Das war vor einigen Tagen. Jetzt darf Marion Besuch haben. Auch Jens und drei Freundinnen kommen: Silke, Renate und Annika. Renate platzt beinahe vor Neugier. Sie will unbedingt wissen, wie das geht, so eine Operation.

Erzähl doch schon, bettelt sie.
Es hat fürchterlich weh getan,
sagt Marion.
Die Operation? fragt Jens entsetzt.
Nein, vorher natürlich.

Als die Schmerzen im Bauch anfingen, hat meine Mutti noch gearbeitet. Sie war nicht zu Hause. Ich hatte Angst. Ich habe Sabine gerufen, die hat ihre Mutti geholt, erzählt Marion.
Silke fragt: Hat dich Sabines Mutter ins Krankenhaus gefahren?
Marion antwortet: Nein, sie ist rübergekommen und hat versucht, meine Mutti anzurufen. Aber die war nicht da. Ich hab geheult...

Annika fragt: Und habt ihr dann den Krankenwagen geholt?
Nee, erst hat Sabines Mutter die Sozialstation angerufen. Schwester Edith ist ganz schnell gekommen. Sie hat mir Eis aus dem Kühlschrank auf den Bauch gelegt, damit es nicht mehr so schrecklich weh tun soll. Es hat aber doch noch weh getan, sagt Marion.
Silke fragt: Hat sie dich denn mit ihrem Moped ins Krankenhaus gebracht? Alle lachen.

Marion sagt: Du spinnst! Sie hat den Krankenwagen gerufen. Ich hatte Angst, weil Mutti nicht kam. Niemand konnte sie holen.
Annika ruft: War das aufregend!

Jens fragt: Und wie ging's weiter?
Marion erzählt: Zuerst hatte ich im Krankenwagen immer noch schreckliche Angst. Erst als Sabines Mutter meine Hand hielt, war es nicht mehr so schlimm!

Im Operationssaal haben sie mich auf einen flachen Tisch gelegt. Mutti war immer noch nicht da, erzählt Marion. Renate fragt: Und dann?
Doktor Gebhard hat mir erklärt, daß es nicht weh tut und daß ich gar nichts spüre.
Trotzdem dachte ich: Wenn nur Mutti da wäre!

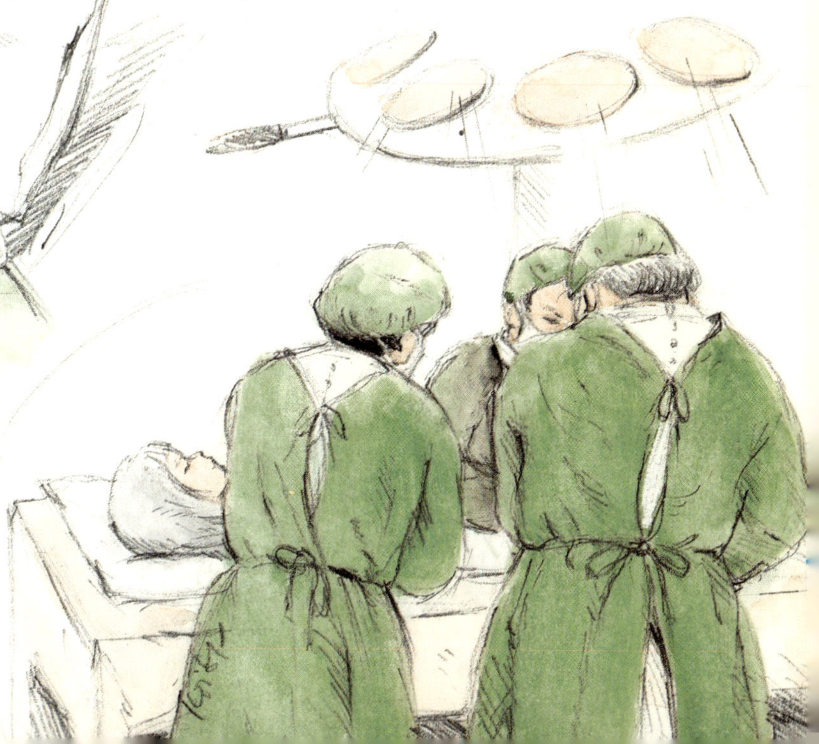

Als ich wieder aufwachte,
saß meine Mutti am Bett. Mensch, war ich froh!
Aber nachts war ich wieder allein. Jens sagt:
Die Schwester war doch da. Marion: Ja, Schwester
Beate, die mag ich!

Schwester Beate ruft: So, Freunde,
jetzt ist Schluß. Sonst wird es zuviel
für Marion. Ihr wollt doch sicher,
daß sie schnell wieder gesund wird.

In dem Buch, das Jens mitgebracht hat, stehen Geschichten, Lieder und Gebete. Marion liest:
Lieber Gott, ich bin im Krankenhaus. Ich kann nicht mit den anderen draußen spielen. Ich muß im Bett bleiben. Kranksein ist nicht schön. Auch die anderen kranken Kinder möchten wieder nach Hause. Laß uns gesund werden. Amen.

Manchmal weint Marion,
wenn nur die anderen Besuch haben.
Dann hat ihre Mutter keine Zeit
und kann nicht kommen.

Bald darauf darf Marion nach Hause.
Sie ist gesund und froh,
wieder bei ihrer Mutter zu sein.
Marion erinnert sich an ein Lied
aus dem Kindergottesdienst:

2. Daß ich tanzen darf und mich freuen — ich danke dir!
Daß ich träumen darf und mich freuen — ich danke dir!

3. Daß ich singen darf und mich freuen — ich danke dir!
Daß ich lieben darf und mich freuen — ich danke dir!

Was den Sonntag schön macht

Sabine fragt: Vati, wann hast du mal Zeit?
Ich möchte mit dir unseren Drachen fertigbauen...
Stefan sagt: Und mir hast du versprochen, daß wir mit dem Fahrrad zu Tante Ilse fahren.
Mutter erinnert:
Und denk auch an die Blumenkästen!
Vater antwortet:
Vielleicht am Samstag oder Sonntag.
Wann ist Sonntag?
Ich schau mal nach, ruft Stefan.
Ja, da ist die rote Zahl.
Warum ist die rot am Sonntag?

Sabine meint: Damit man's nicht vergißt.
Vater sagt: Das ist wie bei einer Ampel, die rot zeigt. Da kann man nicht weiterrennen. Da muß man sich Zeit lassen.
Deshalb möchte ich auch am Sonntag endlich mal wieder ausschlafen.
Sabine stöhnt:
Das wird ja ein langweiliger Tag!
Mutter meint: Wenn das Wetter schön bleibt, möchte ich noch einmal den Balkon genießen.
Fahren wir nun zu Tante Ilse oder nicht? will Stefan wissen.
Vater sagt: Meinetwegen fahren wir – den Drachen können wir ja vielleicht abends fertigbauen.

Am Sonntag fahren sie zu Tante Ilse.
Sie ist nicht da.

Seid ihr schon länger hier? Ich war in der Kirche zum Erntedankfest, sagt Tante Ilse, als sie zurückkam.
Stefan erzählt: Als ich einmal bei uns in der Kirche war, da war es so langweilig.
Tante Ilse sagt: Schade, daß du heute nicht dabei warst. Die Kirche war geschmückt mit Getreide und vielen Blumen, am Altar lagen Obst und Kartoffeln. Am Schluß haben die Kinder große Brote hereingebracht und verteilt.
Sabine fragt:
Du, ist die Kirche jetzt noch offen?
Vater schlägt vor: Wenn wir nachher zurückfahren, schauen wir mal.
Tante Ilse bittet: Nun kommt erst einmal ins Haus, ihr habt bestimmt Durst.

Auf der Rückfahrt gehen sie in die Kirche. Sabine sagt: Da haben wir aber Glück gehabt, daß die Kirche noch offen ist. Stefan fragt: Warum haben die da so viele Sachen hingestellt? Vater antwortet: Zum Erntedankfest. Da steht vieles, was wir zum Leben brauchen.

Das war ein schöner Sonntag!
Zu Hause erzählt Sabine: In Tante Ilses Kirche gibt es manchmal Gottesdienste für die ganze Familie. Alle können kommen, auch die Kinder.
Gehen wir da auch mal hin?
Vater sagt: Wir fragen Tante Ilse, wann wieder so ein Familiengottesdienst ist. Aber jetzt ab ins Bett.

Stefan erzählt: Mutti, als wir nach Hause gefahren sind, konnte man den Mond am Himmel sehen.
Mutter sagt: Ich kenn ein Lied vom Mond. Das singe ich euch vor, wenn ihr im Bett liegt:
»Der Mond ist aufgegangen,
die goldnen Sternlein prangen
am Himmel hell und klar...«

Wenn alle eingeladen sind

Marion sitzt am Frühstückstisch. Die Mutter hat ihn besonders schön gedeckt. Brötchen, Butter, Kakao, Honig und eine dicke Apfelsine.
Unter der Apfelsine liegt ein Zettel.
Marion denkt an ihre Mutter, die schon längst im Geschäft hinter dem Verkaufstisch steht. Blöd, daß sie jetzt nicht da ist, aber heute abend werden wir es uns gemütlich machen.
Lehmanns sind bestimmt schon abgefahren in ihren Urlaub.
Marion wird nach dem Frühstück auf die Wiese gehen. Ob jetzt in den Ferien Kinder da sind? Sie sieht die leere Wiese vor sich. Ob der Tag langweilig wird? Vielleicht kommen Kalle und die anderen?

Nach dem Frühstück geht Marion los, obwohl sie ein bißchen Angst hat. Die Apfelsine nimmt sie mit.

Mach es Dir schön an Deinem ersten Ferientag! Tschüs, bis heute abend Mutti

Die Wiese ist nicht leer. Andere Kinder sind da. Marion kennt die meisten. Sie sitzen im Kreis und erzählen. Marion verteilt in Stücken ihre Frühstücksapfelsine: Silke ein Stück, Ingo ein Stück, Annika... Die Apfelsine wird schnell kleiner. Plötzlich taucht Kalle auf. Er kaut wie immer seinen Kaugummi. Er hat einen Ball dabei und tritt ihn vor das Holztor, daß es kracht. Das macht er einige Male, dann kommt er näher. Als Kalle in den Kreis tritt, weiß Marion nicht so recht, was sie machen soll. Sie sieht Kalle an, sie sieht auf die Apfelsine in ihrer Hand. Vier Stückchen sind noch übrig. Sie möchte sie selbst essen.
Sie guckt wieder Kalle an und dann – mit einem Ruck – teilt sie ihr Stück in zwei Hälften und hält es Kalle hin. Kalle kommt noch einen Schritt näher. Dann streckt er die Hand hin, spuckt seinen Kaugummi aus und nimmt das Stück Apfelsine.

Und plötzlich müssen Marion und Kalle lachen. Sie prusten richtig los und können gar nicht mehr aufhören. Die anderen Kinder wissen nicht recht, was los ist. Aber schließlich lachen sie mit. Sie spielen mit Kalles Ball.

Abends kann Marion nicht einschlafen. Eine Geschichte aus der Bibel fällt ihr ein, die sie im Kindergottesdienst gehört und mit den anderen Kindern gemalt hat: Jesus ißt mit Zachäus. Sie sieht die Bilder vor sich.

Da sitzt Jesus mit Zachäus am Tisch. Sie essen. Zachäus kann es noch gar nicht fassen, daß Jesus sein Gast ist. Sonst will niemand etwas mit Zachäus zu tun haben. Betrüger, sagen die Leute zu ihm. Du arbeitest für unsere Feinde! sagen sie. Aber jetzt ist Jesus in seinem Haus und ißt mit ihm. Zachäus denkt: Wie war ich aufgeregt heute morgen, als die Leute riefen: Jesus kommt in unsere Stadt! Und dann saß ich auf dem Baum am Straßenrand und wartete. Ich bin zu klein, um den Leuten über die Schulter zu sehen. Wenigsten sehen wollte ich Jesus einmal. Und gerade unter meinem Baum bleibt Jesus stehen. Er schaut zu mir hinauf und sagt: Zachäus, steig herunter, ich will in dein Haus kommen.

Und Jesus ist mit ihm zu seinem Haus gegangen. Zachäus mochte gar nicht nach rechts und links sehen. Was wohl die Leute denken?
Zachäus ist glücklich, daß Jesus da ist. – Ich habe viele gute Einfälle, wie ich alles wieder in Ordnung bringe, was ich falsch gemacht habe, denkt er.

Jesus hat oft mit anderen Menschen zusammen gesessen und gegessen. Besonders mit Leuten, mit denen niemand etwas zu tun haben wollte – wie Zachäus. Darüber haben sich viele gefreut. Aber es haben sich auch viele darüber geärgert und gesagt: So geht das nicht! Dieser Jesus ißt mit den falschen Leuten. Am Abend bevor Jesus gefangengenommen wurde, saß er mit seinen Freunden zusammen. Es war das letzte gemeinsame Essen. Jesus wußte: Bald werde ich sterben. Er wollte seinen Freunden helfen, zusammenzubleiben.

Er sagte ihnen:
Ich werde weiter bei euch sein!
Er feierte mit ihnen das Abendmahl: Zuerst nahm er das Brot, dankte Gott, brach es und gab es ihnen, jedem ein Stück. Er sagte: »Nehmt und eßt, das ist mein Leib, der für euch gegeben wird«. Dann nahm er den Becher mit Wein, dankte Gott und sagte: »Trinkt alle daraus, das ist mein Blut, das für euch gegeben wird. So sollt ihr feiern und an mich denken«.

Am Sonntag geht Marion mit ihrer Mutter zum Abendmahlsgottesdienst. Viele Menschen sind da. Einige kennt Marion. Kalle sitzt in der anderen Bankreihe. Er bläst eine Kaugummiblase. Marion wird etwas rot. Ob die Mutter das gesehen hat?

Der Pfarrer sagt: Jesus lädt auch uns ein. Jeder darf kommen, so wie er ist. Wir essen von einem Brot und trinken aus einem Becher. Durch Jesus gehören wir zusammen. Er nimmt das Brot und dann den Kelch und sagt genau die Worte, die Jesus beim letzten Abendmahl zu seinen Jüngern gesagt hat.

Nun gehen die ersten Leute nach vorne an den Altar. Auch Lehmanns und zwei Kinder aus Marions Haus sind dabei. Christi Leib für dich gegeben, sagt der Pfarrer und reicht jedem ein Stück von dem Brot.

Marion muß an Kalle und die Apfelsine denken. Da merkt sie, daß Kalle sie ansieht. Kalle läßt seinen Kaugummi in der Hand verschwinden. Da müssen sie beide lachen.

Vor dem Altar wird der Kelch weitergereicht. Als alle getrunken haben, macht der Pfarrer mit der Hand ein großes Kreuzzeichen. Alle fassen sich an. Der Pfarrer sagt: Geht hin in Frieden!

Jesus hat versprochen: Einmal werde ich das Abendmahl mit allen Menschen feiern. Dann werden sie kommen von Osten und Westen, von Süden und Norden. Menschen mit schwarzer und weißer Hautfarbe, Menschen aus China und Amerika, aus der Sowjetunion und Deutschland, aus allen Ländern der Welt.

Das wird ein riesiges Fest.
Hast du Lust dabeizusein?
Komm doch mit an den Tisch!
Jesus lädt uns alle ein.

Wie sich Angst in Freude verwandelt

Heute sind Stefans Freunde bei ihm.
Er freut sich.

Aber was ist nun mit Stefan?
Stefan ist traurig:
Seine Freunde sind weggelaufen…

Stefan fürchtet sich, er sieht
in seiner Angst böse Gestalten!

Stefan möchte sich verstecken.
Er zieht sich eine Decke über den Kopf.
Nun sieht er die bösen Gestalten
nicht mehr – aber es ist auch ganz
dunkel. Seine Angst bleibt.
Wie kann es weitergehen?
Was kann ihm helfen?
Was kann ihn trösten?

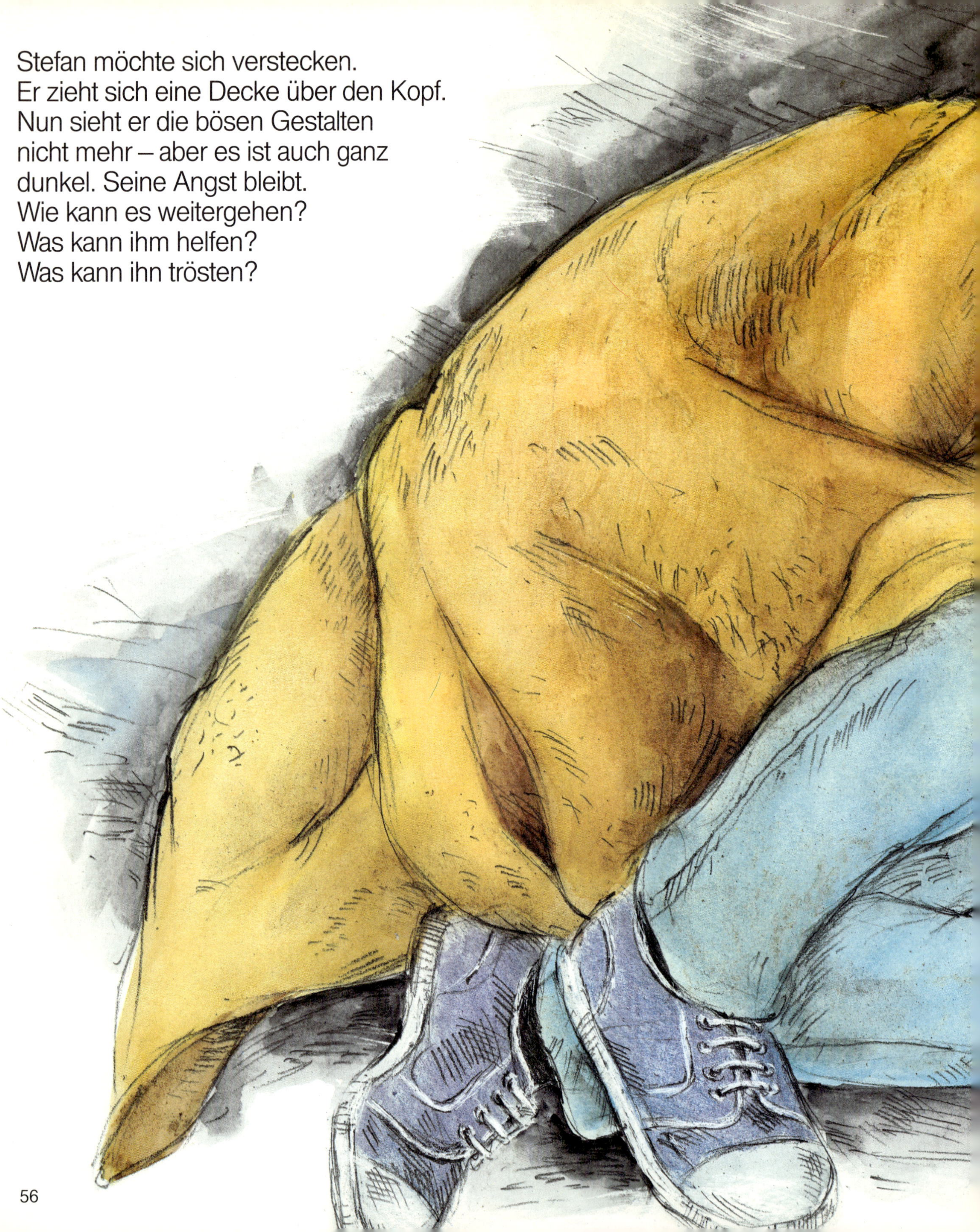

Wie kann es wieder gut werden?

Vielleicht hebt er die Decke ein bißchen?
Hört er was von der Straße? Vielleicht
klingelt es an der Tür? Kommt Besuch?
Oder ruft ihn einer an?

Stefan macht die Tür auf.
Er ist jetzt nicht mehr allein.
Sein Freund ist bei ihm.
Du, erzähl mal! sagt Stefan.
Nun sieht alles ganz anders aus.

Die bösen Gestalten sind vergessen.

Kennst du das auch,
was Stefan erlebt hat?
Alle sind weggegangen!
Du bist allein!
Du hast Angst!

Die Freunde von Jesus haben so etwas
auch erlebt.
Sie haben es weitererzählt:
Jesus kam nach Jerusalem.
Viele Menschen ärgerten sich darüber,
wie er von Gott redete.
Sie wollten nicht, daß er verbreitete:
»Gott hat alle Menschen gleich lieb«.
Sie waren empört, daß Jesus sagte:
»Gott ist mein Vater.
Ich gehöre zu ihm«.
Darum mußte er am Kreuz sterben.

Einige von uns waren dabei.
Manche liefen weg.
Andere versteckten sich.
Die Feinde von Jesus waren hinter uns her.
Wir saßen im Dunkeln und hatten Angst.
War nun alles aus?

Als wir so dasaßen, kam einer und sagte:
»Friede sei mit euch!«

Andere erzählten: Jesus ist nicht tot.
Er ist mit uns gegangen.
Er hat mit uns geredet.
Er hat mit uns gegessen.

Später erzählten Frauen:
Das Grab von Jesus ist leer.
Jesus lebt!

Wir staunten.

Waren wir nicht mehr allein?

Das war, wie wenn jemand einem eine
Decke vom Kopf nimmt.

Es wurde hell.

Manche blieben trotzdem traurig.
Sie sagten:
Das können wir einfach nicht glauben!

Aber immer mehr Leute in
Jerusalem hörten davon:
Jesus lebt!
Sie erzählten es weiter.

Einige wurden darüber so froh,
daß sie sich umarmten.
Sie faßten sich an den Händen.
Sie tanzten und sangen:
Wir sind nicht mehr allein.
Wir wollen ein Fest feiern,
das Fest vom lebendigen Jesus!
Freut euch! Jesus lebt!
Er ist auferstanden!

So feierten sie damals das erste Osterfest.

Wenn wir heute Ostern feiern, dann basteln wir Glocken, dann bemalen wir Eier und schmücken die Wohnung. Wir decken den Tisch mit Osterglocken, und manche zünden eine Osterkerze an. Die Glocken läuten. Auch die Kirche ist geschmückt. Posaunen blasen …

Wir sind eingeladen mitzufeiern. Wie die Freunde Jesu können wir uns freuen und singen:

Wir wol - len al - le fröh - lich sein in die - ser
Hal - le - lu - ja, Hal - le - lu - ja, Hal - le - lu -
ö - ster - li - chen Zeit; denn un - ser Heil hat Gott be - reit'.
ja, Hal - le - lu - ja, ge - lo - bet sei Chri - stus, Ma - ri - en Sohn.

Was uns anvertraut ist

Jetzt haben die Fische alles, was sie brauchen: Wasser, Licht, grüne Pflanzen und Futter, sagt Sabine.

Stefan fragt: Wozu brauchen die Fische denn Pflanzen?
Vater antwortet: Die Pflanzen bilden Sauerstoff. Den brauchen die Fische zum Atmen, wie die Menschen die Luft brauchen, sonst sterben sie.

An einem Aquarium ist immer etwas zu tun, damit es schön aussieht, und die Fische leben können.
So wie die Kinder im Kleinen für ihr Aquarium sorgen, so müssen sich alle Menschen um die Erde kümmern.

Menschen sind ein Teil der Schöpfung
und brauchen sie zum Leben.

Doch Menschen gefährden das, was sie zum Leben brauchen.

Wie die Kinder das Leben im Aquarium durch falsche Pflege zerstören können, so können wir Menschen unsere Welt zerstören.

Die Kinder wünschen sich, daß die ganze Welt – die ganze Schöpfung – so ist, daß sich alle darüber freuen können.

»Alle guten Gaben,
alles, was wir haben,
kommt, o Gott, von dir.
Wir danken dir dafür.«

Stefan sagt:
Wie verschieden sind die alle.
Die sehen ja ganz anders aus als wir.
Die da sind uns ähnlich.
Sabine staunt: Jeder Mensch ist anders.
Jeder Mensch ist nur einmal da.

Gott, du hast jedes Kind,
jeden Menschen geschaffen.
Du hast uns die Erde anvertraut.
Wir sind auf sie angewiesen,
sie ist auf uns angewiesen.

Wenn jemand gestorben ist

Stefan rennt aufgeregt nach Hause und erzählt: Ingos Mutti hat geweint, und ganz schwarzes Zeug hat sie an. Ingo ist nicht zum Spielen runtergekommen. Ich hab zweimal lang geklingelt.
Stefans Mutter sagt: Ingos Opa ist gestorben, der Vater von Ingos Mutti.
Deshalb weint sie? fragt Stefan.
Ja, deshalb, antwortet die Mutter.
Stefan fragt: Ist das schlimm, wenn jemand stirbt?
Mutter sagt: Ich denke schon! Erinnere dich an dein Meerschweinchen neulich. Es hat nicht mehr geatmet, sich nicht mehr bewegt. Wir haben es im Garten beerdigt, sagt Stefan.
Mutter: Es lebte nicht mehr.

Stefan fragt: Wird Ingos Opa auch nicht mehr lebendig? Im Kindergottesdienst hat einer gesagt: Tote sind bei Jesus im Himmel.
Mutter meint: Ja, manche sagen, die Toten sind bei Gott. Andere sagen, mit dem Tod ist alles aus.
Und was meinst du? fragt Stefan.
Mutter antwortet: Ich denke, die Toten bleiben in Gottes Hand.
Und wir behalten sie lieb.

Die Kinder beobachten vom Fenster aus den Totenwagen.
Stefan fragt: Ist da Ingos Opa drin?
Ja, sie fahren ihn zum Friedhof.
Da wird er beerdigt, sagt die Mutter.
Jetzt sofort? will Stefan wissen.
Nein, übermorgen. Aber erst ist eine Feier in der Friedhofskapelle, sagt die Mutter.

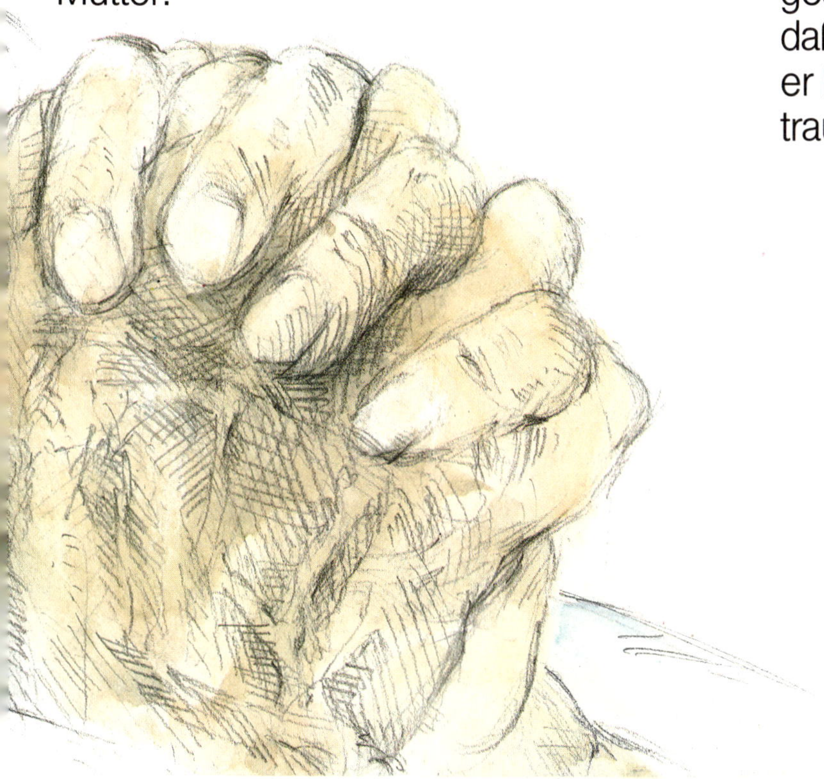

Wie feiert man das denn? fragt Stefan.
Wenn du magst, gehen wir hin. Dann kannst du alles sehen. Wenn Ingo dich in der Kapelle sieht, freut er sich vielleicht, meint die Mutter.
Aber wenn sein Opa tot ist, kann er sich doch nicht freuen, sagt Stefan.
Ingo freut sich auch nicht, weil sein Opa gestorben ist. Er freut sich, weil er sieht, daß du nicht nur sein Freund bist, wenn er lustig ist, sondern auch dann, wenn er traurig ist, sagt die Mutter.

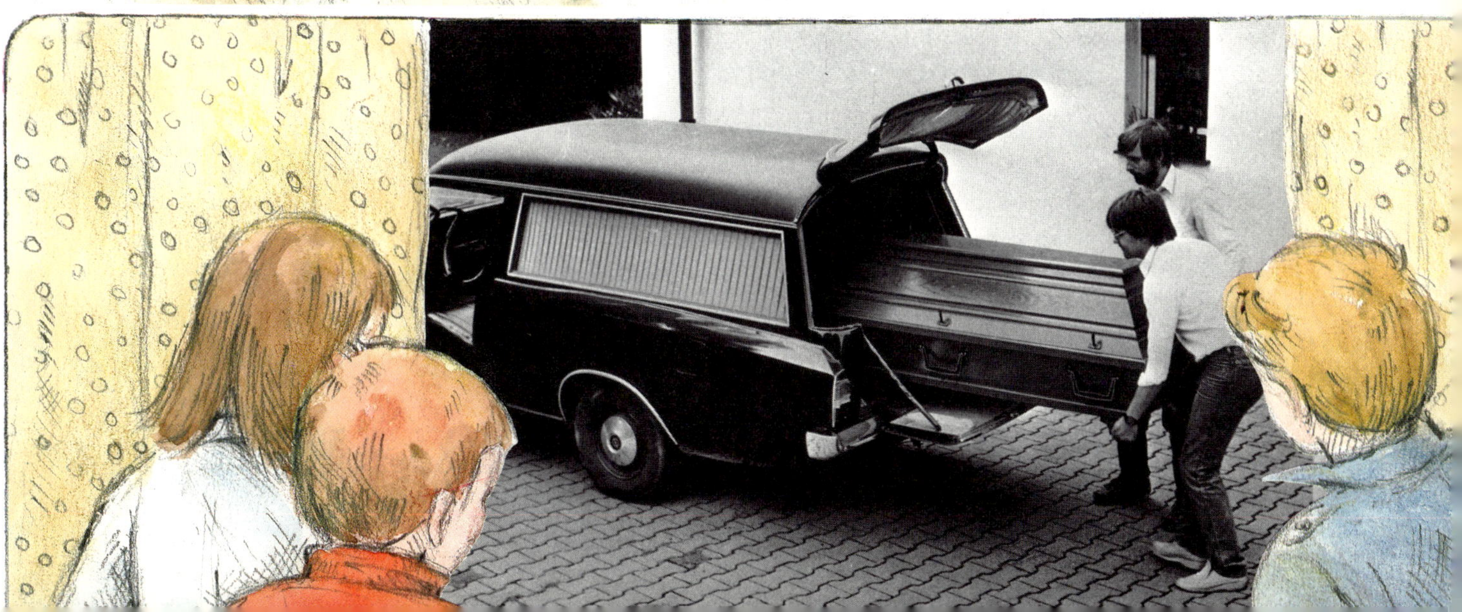

Stefan hat Blumen an den Sarg gelegt.

Zur Trauerfeier kommen alle in der Friedhofskapelle zusammen. Auch Stefan und seine Mutter sind da. Pfarrer Neumann kennen sie schon. Er hat Sigrid und Jens getauft. Manchmal kommt er auch in den Kindergarten.

Pfarrer Neumann dankt für alles, was wir zusammen mit Opa erlebt haben. Zum Schluß sagt er: »Er ruhe in Frieden und das ewige Licht leuchte ihm«.
Wir brauchen uns keine Sorgen zu machen.

Am Ende der Trauerfeier singen alle:

Alle gehen mit zu Opas Grab.
Pfarrer Neumann wirft dreimal etwas Erde ins Grab und sagt: »Erde zur Erde, Asche zur Asche, Staub zum Staub. Wir geben ihn in Gottes Hand.«

»Befiehl du deine Wege
und was dein Herze kränkt
der allertreusten Pflege des,
der den Himmel lenkt.
Der Wolken, Luft und Winden
gibt Wege, Lauf und Bahn,
der wird auch Wege finden,
da dein Fuß gehen kann.«

Pfarrer Neumann spricht ein Gebet:
Lieber Gott.
Täglich sterben Menschen.
Manche waren krank,
manche hatten einen Unfall,
manche waren schon sehr alt.
Nun ruhen sie alle in deinem Frieden.

Du hast alle Menschen lieb:
die Traurigen und die Fröhlichen,
die Jungen und die Alten,
die Gesunden und die Kranken,
alle, die leben dürfen,
und alle, die sterben müssen.
Danke, daß wir leben. Amen.

Zum Schluß beten alle: »Vater unser...«. Stefan betet laut mit. Er kann das Gebet auswendig bis »...wie im Himmel, so auf Erden«.

Während die andern weiterbeten, denkt Stefan: Kann Mutti auch sterben? Schnell rückt er so nahe an sie heran, daß er sie berührt. Er faßt ihre Hand. Wie gut, daß sie da ist!

Wenn Weihnachten ist

Macht endlich den Fernseher aus!
MUTTI

Maria und Josef gehen nach Bethlehem. Der Weg ist weit. In Bethlehem müssen sie in einem Stall schlafen. Dort bekommt Maria ein Kind. Sie wickelt es in Windeln und legt es in eine Futterkrippe. Sie hat sonst keinen Platz für das Kind.

Draußen auf dem Feld sind Hirten bei ihren Schafen. Da kommt ein Bote Gottes zu ihnen. Ein Engel! sagen sie und haben Angst. Es wird ganz hell. Der Bote Gottes sagt: Habt keine Angst! Gott macht allen Menschen eine große Freude. Heute ist der Heiland geboren. Er ist der Retter für alle Menschen. Er heißt Jesus und liegt in einer Krippe. Viele Engel singen: Gott liebt alle Menschen… Frieden auf Erden für alle Menschen!

Die Hirten gehen schnell nach Bethlehem. Sie finden Maria und Josef mit dem Kind. Sie erzählen ihnen von den Boten Gottes.

Danach kehren die Hirten zurück. Sie freuen sich sehr und danken Gott. (Lukas-Evangelium, Kapitel 2)

Hast du schon mal beim
Krippenspiel mitgemacht?

So schön
ist es sonst nie
in der Kirche!

Das hab ich selber
für dich gemacht, Mutti!

Zusammen spielen
ist das Schönste
zu Weihnachten!

Wir singen Weihnachtslieder –
wir machen anderen eine Freude.

...und nun nach Hause!

2. Euch ist ein Kindlein heut geborn
von einer Jungfrau auserkorn,
ein Kindelein so zart und fein,
das soll eur Freud und Wonne sein.

3. So merket nun das Zeichen recht:
die Krippe, Windelein so schlecht,
da findet ihr das Kind gelegt,
das alle Welt erhält und trägt.

2. |: Uns wird erzählt von Jesus Christ, :||: daß er ganz arm geworden ist. :|

3. |: Uns wird erzählt von Jesus Christ, :||: daß er uns Bruder worden ist. :|

Wenn Menschen sich verstehen

Auf seiner Wanderung kam Jesus mit seinen Freunden in die Nähe eines Dorfes. Es war schon Abend. Jesus schickte Jakobus und Johannes voraus. Sie sollten im Dorf ein Nachtquartier besorgen.
Johannes fragt: Was ist das für ein Dorf?
Jakobus antwortet: Ich weiß nur, daß da Leute wohnen, die mögen uns Juden nicht.
Johannes meint: Das kann ja ganz schön ungemütlich werden.

Marion hat Achmed in der Schule ihr Rechenheft geliehen. Achmed aber hat sich den Fuß gebrochen und darf mit seinem Gipsbein noch nicht wieder in die Schule. Jetzt will Marion das Heft von Achmed holen. Da trifft sie Kalle: Was, du willst zu Achmed, zu den Türken? Marion fragt: Wieso nicht?
Kalle meint: Na, du wirst schon sehen.

Johannes und Jakobus kommen wütend und enttäuscht zurück.
Johannes berichtet: Sie nehmen uns nicht auf.
Jakobus sagt: Sie haben nicht mal die Türen aufgemacht.
Johannes ärgert sich: Denen müßten die Häuser über dem Kopf abbrennen.
Jakobus sagt: In Schutt und Asche sollte das Dorf fallen.
Jesus aber antwortet: Wie könnt ihr so denken? Habt ihr denn nicht begriffen, worum es mir geht? Böses mit Bösem vergelten – wie du mir, so ich dir – das ist nicht mein Weg. Gott will euch den Geist der Liebe schenken, er will Frieden. Nehmt eure Fäuste herunter!

Mutter fragt: Marion, was ist los?
Marion sagt: Achmed hat mich nicht reingelassen. Sein Vater will keinen Deutschen mehr sehen. Sie haben Achmeds Vater entlassen. Und wenn er keine Arbeit hat, müssen sie wieder weg von hier.
Die Arbeitskollegin der Mutter sagt: Warum nicht? Viele Deutsche haben auch keine Arbeit mehr. Sollen die Ausländer doch sehen, wo sie bleiben!
Mutter nimmt Marion in den Arm und sagt: Ich finde es wichtig, daß du weiter mit Achmed spielst. Gerade jetzt braucht er Freunde.

Heilig – Geist – Gemeinde
BRÜCKENBAU – FEST
Pfingstmontag 15 Uhr
Gott spricht:
Ich will meinen Geist in euch geben und solche Leute aus euch machen, die nach meinen Geboten handeln.
KLEIN
GROß
SCHWARZ
100
OST

Pfarrer Neumann sagt: Die Kartons sind schon für Pfingsten. Da feiern wir, daß Menschen sich verstehen können. Stefan sagt: Los, wir bauen schon mal… Während sie bauen, fragt Kalle: Na, Marion, wie war es denn bei Achmed? Marion erzählt, was vorgefallen ist. Kalle sagt: Das habe ich dir ja gleich gesagt!

Marion antwortet: Ich werde aber trotzdem wieder zu Achmed gehen! Stefan ruft: Die Brücke wird prima! Kalle entdeckt Achmed und sagt: Komm, mach mit, hol auch ein paar Kartons für die Brücke!

»Herr, gib mir Mut zum Brücken bauen,
gib mir den Mut zum ersten Schritt.
Laß mich auf deine Brücken trauen,
und wenn ich gehe, geh du mit.

Ich möchte gerne Hände reichen,
wo jemand harte Fäuste ballt.
Ich suche unablässig Zeichen
des Friedens zwischen jung und alt.«

Jesus sagt, so könnt ihr beten:

Vater unser …
Our Father …
Notre Père …
Pater noster …
Fader vår …
Baba biz …

… im Himmel.
Geheiligt werde dein Name.
Dein Reich komme.
Dein Wille geschehe, wie im Himmel,
so auf Erden.
Unser täglich Brot gib uns heute.
Und vergib uns unsere Schuld,
wie auch wir vergeben unsern
Schuldigern.
Und führe uns nicht in Versuchung,
sondern erlöse uns von dem Bösen.
Denn dein ist das Reich
und die Kraft und die Herrlichkeit
in Ewigkeit. Amen.